Gegenüber

Gedichte

Sylvia Gast

99 Press

Imprint of Lasavia Publishing Ltd.
Auckland, New Zealand
www.lasaviapublishing.com

ISBN: 978-1-991083-05-0

Mein Dank gilt meiner Familie, insbesondere Daniela Gast, die das Layout für das Buch anfertigte, meinem Schwiegersohn Rowan Sylva Johnson, der die einführenden Worte schuf und meiner Kunstlehrerin Judith Wermelskirch Wieland, die mir Anregungen für meine Bilder gab. Weiterhin danke ich meinem Mann Klaus und all meinen Freundinnen, die mir Wandergefährt_innen in der Natur waren.

Gegenüber

Auf Luthers Spuren

Luther, du Prophet und Realist

Rüttelst die Gläubigen auf,

hältst zündende, inhaltsträchtige Reden.

Sollen die armen Leute weiterhin Ablass zahlen

und die Bibel ein Buch für sich,

ein Buch mit sieben Siegeln bleiben?

Du willst auf eine bessere Glaubensebene leiten?

Du, Luther, du Überbringer freudiger Botschaften,

ohne Schnick Schnack

du vermittelst den Scharfen Verstand,

und packst mit deinen Klauen den katholischen Klerus.

Ein neuer Zug wird sich durch die Kirche bewegen

seit 1517, wo ein neues Licht leuchtet,

ein neuer Bewusstseinsstrom sie erreicht.

„Reformation" heißt das Zauberwort für alle Zeit.,

zunächst erst einmal für 500 Jahre.

Das ist stark.

Wolkengeflüster

Wolkengespinste regen meine Fantasie an,

meine Blicke verlieren sich in ihnen.

Ich suche nach Bildern,

die in meiner Vorstellung existieren.

Vorspiegelung falscher Tatsachen.

Ich schaue in das Wolkengetümmel,

ein rasendes Heer,

das vom Wind getrieben wird.

Bilder, die entstehen, zerfließen sofort wieder.

Gräuliche Schattierungen wechseln

mit hellen Wolkenfronten.

Wo ist die Sonne?

Hat sie heute keine Chance?

Wahrscheinlich nicht,

denn die dunklen Heerscharen bestimmen,

versperren ihr den Weg.

Es braut sich was zusammen.

Plötzlich wieder Wolkengewusel,

lichtdurchflutet,

jagt dahin, vom Wind getrieben

ins endlose Nichts.

Und staunend steh ich,

ohnmächtig einzugreifen

Betrachtung

Heut war ein Tag
zwischen Denken und Tun,
da mochten zuerst
die Gedanken nicht ruhn.
Ich entschied mich
für eine Wandertour
in die Döberitzer Heide
dachte ich nur.

Ich machte mich los
mit schnellem Schritt
und auch die Freude
zog mit mir mit.
Ich nahm in der Heide
den Außenring,
mein Ohr vernahm
vielstimmigen Vogelgesing-

Ich sah die Flechten
weithin blühn,
Pastellfarben leuchtend
Rot, blau und grün.
Mein Herz war so frei
und unbeschwert.
Das war mir der Weg
kilometerlang wert.

Bei Seeburg verließ ich
die schöne Flur
Durchstreifte Engelsberg,
und am Ende der Tour
kam ich nach Spandau
wie im Fluge.
Italien lockt
mit Wein im Kruge.

Alsdann fuhr ich
nach Potsdam hin
und dachte nur
an den Gewinn-
Ein Stück Natur,
ich hab's genossen
dazu gelernt
ganz unverdrossen.

Der Schatten

Steh ich im Licht,

zeigt sich mein Schatten

dunkel, gespenstisch,

ohne Gesicht.

Bewegt sich wie ich,

was ich auch tue,

ich kann mich nicht trennen,

er will immer nur mich.

Wäre er fort,

dann wäre ich einsam,

einsame Seele,

ohne festen Ort.

Er ist mein Antrieb,

im bunten Leben.

Schafft keine Ruhe,

das ist mir lieb.

Und sollte ich einmal

nicht mehr sein,

schleicht er sich heimlich fort

wie ein Dieb.

Gedicht

Buches Inhalt

Geistesschätze,

bringst mir Wissen,

bringst Erleuchtung.

Lässt mich schweben,

lässt mich fallen,

jubeln, seufzen, lachen, weinen,

lässt mich tauchen und vergessen,

lässt mich leiden und verzweifeln,

lässt mich rund um leben.

Lässt mich finden zu mir selbst,

bringst Erwachen und Besinnung,

gibst mir vieles,

doch nicht alles...

denn ich schöpfe und verwende

und bereichere mein Leben

und erfahre und erkenne

und bin ich.

Gedicht 2021

Auge, was siehst du.

Ohr, was hörst du.

Füße, wohin geht ihr.

Weg, wohin führst du.

Rhythmus des Lebens,

ein Auf und ein Ab

bringt Freude, bringt Trauer.

Nichts ist vergebens.

Menschliche Ohnmacht

Im wogenden Wechsel.

Die Gefühle in Aufruhr,

oft in Zweifel gebracht.

Gebet

Weiser Allmächtiger, du alles Wissender,

nur du weißt, wie es um mich steht

und in Zukunft stehen wird – ich bete zu dir.

Bewahre mich vor jeder Einmischung in fremde Dinge

und verhindere,

dass ich mit Worten kräftig mittue,

wo es nicht angebracht ist.

Oh, Weiser,

lehre mich immer das Richtige zu tun

und zu denken

und halte mich von

düsteren Gedanken und dominierenden schlechten

Handlungen gegenüber anderen fern.

Sorge dafür, dass mein geistiger Blick

immer auf das Wesentliche, auf den Kern der Sache

gerichtet ist.

Mach' dass mir meine Bewusstseinsbeschränkung

immer wieder deutlich wird

und gib mir Kraft, neugierig auf neue Erkenntnisse

zu bleiben.

Lass' mich nicht in Nutzlosigkeit und Hilflosigkeit verharren,

befreie mich von Zweifeln und zeige mir

die noch gehbaren Wege ins Leben.

Gib mir Mut, ein Quäntchen Lebensfreude zu

spüren und schenke mir noch recht viel davon.

Sorge dafür, dass ich ein halbwegs erträglicher Mensch bin,

dass ich meine körperliche Unwegsamkeit und

Beschwerden nicht in den Vordergrund stelle,

sondern ihnen mit Humor begegne.

Lehre mich die anderen zu beachten,

ihre Sorgen und Ängste ernst zu nehmen,

ihnen Hilfe und Trost zu geben

und immer ein offenes Ohr für die anderen zu haben.

Lass' mich an die anderen glauben

und gib mir die Kraft, ihrem Können zu vertrauen,

ihre Leistungen zu bewundern und zu fördern

und der Jugend Verantwortung zu übertragen.

(nach Theresa von Avila)

Finden

Wer die Wahrheit sucht,
wird sie im Lärm nicht finden,
muss hinaus auf einsame Wege
und mit offenen Augen sehen.

Wer die Wahrheit sucht,
muss die Tagseite der Welt,
muss die Nachtseite der Welt entdecken
und deren Besonderheiten erkennen.

Dann erst kann er Wahrheit finden
im Gemisch von Schönheit und Shrecken.
erst wenn die Rätsel und Wunder erkannt,
dann gelingt die Wahrheitsfindung.

Rauschen

Manchmal rauscht Regen in mir,

er rauscht auf das Feld,

rauscht voller Sehnsucht,

rauscht verlassen in mir.

Süß rauscht der Regen

über Dächer und Stadt.

Für Herzen der Enttäuschung

süßes Geräusch.

Er rauscht ohne Sinn,

tief in deinem Herzen,

bar dem Übermut

vor sich hin.

Gedicht einfach und schlicht

Es zuckert der Kandis im Glase

Und gibt ein liebliches Geläut.

Ich träum von einer roten Nase,

der Winter sich noch nicht geträut ?

Jetzt gibt der Frost das Thema an

vereiset Wege und Seen.

Vereint mit Reif, dem guten Mann

winterliche Vielfalt wird wohl gehen?

Der Glühwein glüht mir im Gesicht

Es leucht der Baum im Lichterglanz.

Die Dunkelheit mich noch besticht,

vorbei der Weihnachtswintertanz?

Ich warte und die Luft ist lau,

der Januar zieht seine Bahn.

Die Tage kurz, der Himmel blau,

der Winter, Vorsicht, kommt heran.

Gingko biloba

Ginko, du heiliges ßlatt

schwebst zwischen Laub und Nadel —

deine Schönheit verzaubert.

Sowohl grün als auch gelb

Leuchtest du

Und stichst ins Auge,

hast`s vor Jahrhunderten dem

größten der deutschen Dichter

angetan.

Du,

einst aus fernen Osten kommend

und durch Wanderungen

mutiger Forscher

mitgebracht,

die auf der Seidenstraße

wandelten

oder übers Meer schifften

Dein Geäst ist im Frühling

noch kahl-

doch treibt es rasch

und deine Baumblätter sirren

wie anderes Laub,

wenn der Wind es bewegt.

Du Blatt, bist künstlerisch geformt

Mit geschwungenen Linien,

fein zeichnen sich die Nadeln

auf deiner Front ab,

bist dem Auge angenehm

mit Einschnitten,

wirkst bizarr und doch

nicht.

Griechenland

Rauschendes Meer !

Spielende Wellen

umschmeicheln das Ufer

im lieblichen Tanz.

Bläulicher Himmel

spiegelt im Wasser,

Lichtkegel flimmern

in silbernem Glanz.

Beruhigende Kühlung

im Schatten der Palme,

Fächeln des Windes –

ein ewiges Spiel.

Berge umrahmen

liebliche Buchten,

schützen das Leben –

ihr ureigenes Ziel.

Heimat

(Nachtrag von 2018)

Sträubt sich, zittert nun das Laub

auf Baum und Strauch.

Flauschige Wolkenfront

zerfließt bei Sonne

wie Rauch.

Die Vögel, scheu,

sind ohne Laut

beim Fliegen ins Gebüsch.

Nicht einer waget im Versteck.

ein Liebeslied

aus dünner Kehle.

Es lehnt die Welt

an Heimat sich

und du hast Sehnsucht,

die sich geschlichen

wie ein Dieb in deine Seele.

Heimat, die du so liebst,

bist froh,

dass es sie gibt.

12 Nach

"Weibergedichte" von Gisela Steineckert

Ähnlich dem fallenden Blatt,

das keinem weh tut,

wird es sein,

wenn

ich dich verlasse.

Ohne Energie und Kraft

Am Anfang

Erfahr ich durch Wind und Fall

Neue Energie.

Alles nur Lüge,

weil ich kein ßlatt bin.

Schick die andere fort,

behalte mich an ihrer statt.

Gedicht 2019

Krähen

Mit grauem Umhang,

das Federkleid vom

Wind zerzaust,

den Schnabel vorgereckt,

hüpfen an der

Bahnsteigkante hin und her.

Da, sie stocken,

schauen auf die Gleise,

gleiten ohne Lauf hinab

und sind im Nu

meinem Blick entschwunden.

Jahreszeiten

Weihnachten 2013-12-05

Heimlich, heimlich huschen Wichte

knisterts draußen, klopfet an.

Ho und ho mit Bartgesichte,

ist es denn der Weihnachtsmann?

„Seid ihr alle lieb gewesen",

fragt der große alte Herr.

Und er schwingt den großen Besen.

„Wer ist böse, wer, wer?"

Doch die frohen Kinderaugen

schauen in das Greis Gesicht.

„Habe doch zu uns Vertrauen,

bitte, bitte schimpfe nicht."

Und es rumpelt in dem Sacke,

Pfeffernüsse überall.

Weihnachtsmann in schiefer Lage,

wei o wei , der Glocke Schall.

Bartgesicht in Schrecksekunde,

lieget flach am Boden gar.

und er rafft sich auf zur Runde,

muss viel tun im alten Jahr.

Sterne leuchten froh am Himmel

und es singt der Engel Chor.

Weihnachtsmann mit seinem Schimmel

holt nun seine Gaben vor.

Ho und ho, zieht nun von Dannen,

Schimmel trabet, was er kann.

Schlitten gleitet durch die Tannen,

zieht den schweren Weihnachtsmann.

Osterspaziergang

Der Winter mit starken Klauen

umklammert das Land,

die Sonne schenkt Vertrauen und ihren kleinen Brand.

Winter gibt sich eisig an der laufenden Band

und behaucht nur noch Wege und Stege.

Er legt sein schneeweißes Tuch übers Land,

kommt oft dem Frühling ins Gehege.

Er zeigt noch immer seine Macht,

schickt eisigen Atem aus.

Er erholt sich meist über Nacht

lässt Flocken tanzen weit hinaus.

Eiskristalle spielen mit der Sonne Strahlen,

wir sehen bunte Farben mit Spektralen.

Sollte man meinen, der Frühling kehrt ein?

Die Blumen werden eisig noch sein.

So zeigt der Winter keine Schwäche,

verhindert jede grüne Fläche.

Doch wird der Frühling bald sich wehren,

Der Winter muss sich endlich scheren

O schöne, herrliche Weihnachtszeit

(nach Heinrich Hoffman von Fallersleben)

O schöne herrliche Weihnachtszeit,

was bringst du Lust und Fröhlichkeit!

Wenn der Egon in seinem Haus

teilt seinen Lieben Gaben aus.

Und wird das Häuschen festlich sein,

so passt der Egon gut hinein

und alle sind ihm lieb, die Seinen,

die Uschi und alle Großen und Kleinen.

Der gute Egon an alle denkt,

und jeder wird von ihm beschenkt,

drum lasst uns fromm und fröhlich sein.

O Egon unser, dein und mein.

die Uschi und alle Großen und Kleinen.

Der gute Egon an alle denkt,

und jeder wird von ihm beschenkt,

drum lasst uns fromm und fröhlich sein.

O Egon unser, dein und mein.

Gedicht 2020

Der Mond liegt auf dem Rücken,

er schaut die Sterne an.

Er ist voller Entzücken,

so gut er eben kann.

Der Himmel ist gar dunkel,

vermisst den Mondenschein,

wo ist der Leuchtkarfunkel,

und zornig blickt er drein.

Der Mond hat die Laterne

Nun heute ausgemacht,

schaut lieber in die Sterne

und hat sich eins gelacht.

Haikus

1.) Knospen am Kirschbaum

stattlich und stolz steht er da

Schnee kommt- Ach Herrje!

2) Geballte Ladung

Wolkenhaufen am Himmel

Regenlawine!

3.) Amsels Liedgesang

zeigt ihre Sorglosigkeit

Vorsicht, Katze naht!

4.) Die Notenköpfe

spazieren übers Papier

magisch lebendig

5.) Rhythmus des Lebens

stets im wogenden Wechsel

hält uns in Spannung.

6.) Taugetränktes Gras

kitzelt uns an den Füßen.

Morgenerlebnis.

7.) Endlich Frühlingswind

frischer Duft in den Gärten

tut Seele gut.

8.) Fleißiges Weben

am kostbaren Spinnennetz

erfreut Groß und Klein.

9.) Brandung am Ufer

Läuten aus tausend Glocken

Klirren des Eises.

10.) Sonnenlicht im Wald

scheint durch knorrige Bäume

Natur atmet tief.

11.) Im Waldesdunkel

die Scheibe Brot genossen-

eine Hand voll Korn.

12.) Atemberaubend-

Metall- und Glaszauberei,

das ist Frankfurt/ Main.

13.) Gelebte Natur

erfreut den Körper und Geist-

und hält uns gesund.

www.ingramcontent.com/pod-product-compliance
Lightning Source LLC
Chambersburg PA
CBHW051336120626
46547CB00016B/2565